Lyrik mal zwölf

Gedichte für jeden Monat

Gisela Darrah

Herstellung und Verlag:
BoD - Books on Demand, Norderstedt
ISBN 978-3-7460-4685-3

Dezember 2017

Nun habe ich den Blog „Die Natur in uns" für dieses Jahr beendet. Es hat mir Freude gemacht, alte und neue Gedichte zu den Monaten des Jahres zu sammeln und zu schreiben. Ich bin durch das Jahr gegangen mit mehr Aufmerksamkeit für die Natur und meine eigenen Gedanke und Gefühle dazu.

Was bewirkt der Verlauf des Jahres in mir? Welche inneren Bilder entstehen? Wie ist das alles verbunden?

Es entstand bei mir der Wunsch, diese Bilder und Inhalte als Buch in meinen Händen zu halten.

Ich lade Sie auf diese Reise durch das Jahr ein. Vielleicht schreiben Sie mir auch mal auf naturgedichteundfotos.wordpress.com.

Gisela Darrah

Januar

Der Frost kann zaubern.
Unscheinbare Spinnweben
werden zu kunstvollen Mandalas.

Ein kleines Blatt am Strauch
wird zur prachtvollen Inszenierung.
Halb vertrocknete Hagebutten
werden zu überzuckerten Edelpralinen.

Trübes Wintergrau
wird zur festlichen Glitzerwelt.
Langweiliger Alltagstrott
wird zu erhabener Begeisterung.

Jahreswende

Das alte Heft
ist vollgeschrieben.
Da liegt das neue vor mir.
Leer.

Diesmal
will ich
keine Kleckse machen,
keine Eselsohren,
nicht durchstreichen,
nicht übermalen,
kein Wort zu viel,
kein Wort zu wenig.
Keine Fehler.

Noch nie
ist mir das gelungen.
Doch mit jedem Heft,
das ich neu und sauber beginne,
habe ich das Gefühl
dieser Möglichkeit.

eingebettet
in schützenden Schnee

zugedeckt
mit leuchtendem Weiß

verhüllt
und bewahrt
bis zum nächsten Frühling

winterliche Geborgenheit

Saft und Kraft
können nicht grenzenlos fließen.

Es kommen
harte, kalte Zeiten.

Halte nicht die Blätter,
die vielen kleinen Interessen, Tätigkeiten, Menschen,
Fragen, Antworten, Besitztümer, Abhängigkeiten.

Übergib sie dem Wind, der Erde.
Du lässt sie wehmütig wegfliegen,
erwartest, geschwächt zu sein,
und doch:

Die geballte Kraft
lagert im Stamm.

Ohne Farbe – wäre die Queen nur eine kleine alte Dame.
Ohne Farbe – wäre der Herbst nur das Fallen der Blätter.
Ohne Farbe – wüssten wir nicht, wann die Äpfel reif sind.
Ohne Farbe – hätten wir keine rosigen Zeiten.

Ohne Farbe – wären Schönheit, Freude und Begeisterung blass.
Ohne Farbe – könnte keiner das Blaue vom Himmel herunterlügen.
Ohne Farbe – könnten wir die politischen Parteien
nur durch ihre Buchstaben unterscheiden.
Ohne Farbe – könnte eine große Orange eine kleine Grapefruit sein.

Ohne Farbe – wäre nichts mehr im grünen Bereich.
Ohne Farbe – hätte Angela Merkel zwanzig gleiche Jacken im Schrank.
Ohne Farbe – wäre ein Sonnenuntergang nur das Verschwinden der Sonne.
Ohne Farbe – wäre es für uns schwer, unseren Gefühlen
Ausdruck zu verleihen,
und persönliche Zeichen zu setzen.

Vielleicht unmöglich.

Februar

Fast sind wir schon
über den Winter gekommen.
Fast haben wir schon
über Kälte und Verzweiflung gesiegt.
Draußen liegt Schnee.
Kahl und glatt
sind die Äste der Bäume.
Im meinem Herzen liegt Angst.
Dass es keinen Sommer gibt.
Dass der Baum stirbt.
Dass Liebe nur
eine gedankliche Irrfahrt ist.
In den Spitzen der Äste
sind schon Knospen.
In den Knospen sind schon
Baupläne für grüne Blätter
und duftende weiße Blüten.
In meinem Herzen sind schon
Baupläne für Liebe und Glück.

Glöckchen im Schnee
Schwan auf dem See
Eiskristalle
Spinnennetzfalle
glitzernder Tau
auf Wiese und Au
zierliches Reh
Spuren im Schnee

Anmut, formvollendet,
Freude spendet

Ich möchte gern in Farben träumen.
Immer wieder in neuen Farben.
Im erdigen Braun geborgen sein,
mit grünen Blättern wachsen und gedeihen,
blühen in Rot, Gelb und Blau.

Mit zartrosa Blüten wie Heckenrosen
schutzbedürftig und zerbrechlich sein,
mich hineingeben in violetten Schimmer,
weiß und rein wie der frisch gefallene Schnee strahlen,
in meinem Traum.

Die Natur widerspiegeln in meinem Inneren.
Eins sein mit den Facetten meines Selbst.
Das alles kann ich, bin ich, fühle ich.
Immer wieder in neuen Farben.

überwinden
kämpfen
siegen

vorwärts kommen
unterliegen
wünschen
sehnen
Ziel anstreben
kämpfen
siegen überleben
Standort sichern
Wurzeln schlagen
wachsen
blühen
Früchte tragen
Stürmen trotzen
Äste biegen
niemals brechen
sondern siegen

ein Sandkorn am Meer
ein Kiesel im Bach
ein Windhauch im Kornfeld
zart und schwach

ein Hase im Feld
ein Tropfen im See
ein Blatt am Baum
eine Flocke im Schnee

ein kleiner Stern
der die Nacht erhellt
alle Teilchen zusammen
sind die ganze Welt

Bäume im Winter
grafisch schwarz und weiß
nackt
ohne Blätterkleid
in den Himmel wachsend
filigran

Äste verströmend
greifende Arme und Hände
unverhüllte Grazie
poetische Tatsache

18

März

An kahlen Ästen
entdecken wir sie,
die duftigen Mandelblüten,
noch nicht umrahmt
von grünen Blättern,
Boten aus der Frühlingswelt,
rosa und zart.

Sie leuchten
dem scheidenden Winter
trotzig entgegen,
setzen ihre strahlenden Zeichen
an der Weinstraße entlang,

Mandelblüten
in der Pfalz.

Braune Erde
Nährboden unseres Seins
in der Winterruhe
unbeachtet

bald nimmst du
Samen auf
ernährst unsere Nahrung
bist Ursprung
unserer Energie

Kannst du
im kleinen Pflänzchen
schon den Baum sehen?

Kannst du die Blätter
rauschen hören,
die saftigen, grünen Blätter
fühlen,
die harte, rissige Erde spüren?

Es ist nur eine Frage
der Zeit.

April

Es ist doch nur,
dass die Knospen aufspringen
und ihren grünen Inhalt entlassen.

Es ist doch nur,
dass Gras und Kräuter wachsen
und Sonnenlicht aufnehmen wollen.

Die Hecke, gestern noch braun,
ist heute grün.

Grün frisst Braun.
Unaufhaltsam,
mit gewaltigem Appetit.

Es schenkt uns unsere
geliebte Welt zurück.
Eine Wiese zum Reinlegen,
Baumkronen zum Aufschauen,
eine grüne Welle der Freude.

Tag und Nacht
wachen und schlafen

Bewegung und Ruhe
Arbeit und Entspannung

Fragen und Antworten
lernen und wissen

ich und du
innen und außen

Das Ich und das Du
umtanzen und umfließen sich.

Mein Leben ist ein Lied,
das ich Strophe um Strophe singe.

Was sind Träume?

Sind es Pläne,
die später Wirklichkeit werden?
Sind es Schäume,
Wirrwarr, Seelenmüll?
Sind es Vorahnungen, Weissagungen,
Denkprozesse?

Alles das können Träume sein.

Du kannst über sie nachdenken,
sie verwerfen,
sie verwirklichen,
über sie lachen.

Sie sind Samen in deiner Hand.
Wohin möchtest du sie auswerfen?

Mai

Flieder blüht
und das tränende Herz,
im Garten.
Altes Gemäuer
verfällt,
liefert Nahrung
für jungen Salat.
Die Erde,
schwarz und krümelig,
wurde gehackt und gepflegt,
jahrhundertelang.

Ordnung, Liebe und Arbeit,
fundamentiert.

Hier
könnte auch ich gedeihen.

Die Saat
ist gesät.

Die Samen ruhen in der Erde.

Sie warten auf Sonne und Regen.

Sie keimen.

Der Mensch
muss geduldig
das Leben geschehen lassen.

Ein neues Blatt
an meiner Zimmerlinde
erfreut mich mehr
als gute Worte.

Die junge Knospe
an meinem Rosenbusch
verheißt mir
nicht nur eine Blüte.

Sie zeigt mir
das Wunder des Wachstums.
Sie weist mir
einen neuen Weg.

Wenn die Pflanze
wachsen kann,
kann es auch
meine Seele.

Augenfest, Blüten,
üppig, starkfarbig.

In der Natur
vertragen sich
alle Farben.

Pfingstrose
schüttet Blutstropfen herab,
Vorgärten
werden zu verschwenderischen
Festgelagen der Sinne.

Die Natur
wirft mir Bälle zu.
Ich versuche
zu fangen,
so viele ich kann.

Juni

Wasser fließt
und segnet das Land.

Weiches Wasser
spaltet hartes Gestein.
Der Bach wird zum Fluss.

Es strömt,
es quillt,
es braust,
es schäumt.

Vom sanften Tautropfen
bis zum tosenden, stürmenden Meer:

Wasser spendet Leben,
ist Leben.

Die Sonne leuchtet.
Jeder Baum und jedes Haus,
jedes Ding leuchtet mit.

Die Vögel zwitschern stereo,
wo immer ich gehe.

Menschenstimmen
werden weit
durch die klare Luft getragen.

Rosenrabatten
sprechen
eine bildhafte Sprache.

Im Park liegt das Glück
in allen Winkeln
und entspannt sich.
Ich auch.

Ich bin ein Teil der Natur
und in ihr verwurzelt.
Ich spüre die Verbindung
mit Tieren, Pflanzen,
Erde, Wetter, Gestirnen ...

Die Jahreszeiten, Sonne und Mond,
die Tageszeiten,
meine Nahrung, die Landschaft,
die Sprache und die anderen Menschen,
alles gehört zusammen.

Ich gehöre in mein Leben
wie ein Vogel in die Luft,
wie ein Fisch ins Wasser,
wie ein Wurm in die Erde,
wie ein Affe auf den Baum.

Dieses eine Leben, dieser eine Körper,
dieser Moment, das bin ich.

Ich glaube an
wachsen, pflegen, heilen,
nicht an zerstören.

Ich glaube an
reparieren, erhalten,
nicht an wegwerfen.

Ich glaube an
Gemeinsamkeiten,
nicht an Gegensätze.

Der Baum der Zukunft
kann nicht wachsen
ohne die Wurzeln
von gestern und heute.

Die Rose,
voll erblüht
in ihrer schönsten Pracht,
verwelkt über Nacht.

Sie ist bereit,
denn ihre Blütenblätter
waren nur
ein Trick der Natur.

Es weiß die Rose,
dass der Sinn ihrer Schönheit,
ganz klar,
die Hagebutte war.

Die Rose blüht und reift,
ganz ohne Bedenken,
gewinnt
durch verschenken.

Sie wartet am Weg,
um mich zu überraschen
mit Wegwartenblau.

An kahlen Zweigen
sitzen
ihre strahlenden Augen.

Nicht Meer, nicht Himmel
können leuchten wie sie,
die Wegwarte.

Juli

Möge dein Weg
unter Bäumen hindurchführen,
die dir an heißen Tagen
Schatten spenden.

Mögen am Wegesrand
wilde Blumen blühen,
die dich mit ihren Farben
erfreuen.

Möge auf deinem Weg
weiches Gras wachsen,
das deinen Gang
federn lässt.

Möge dein Blick
über die Natur schweifen,
bei der du dich zu Hause fühlst,
in Ruhe zu Hause

Die Blätter der Bäume
bewegen sich im Wind.

Sie glitzern,
flimmern,
leuchten.

Die reflektieren
das Sonnenlicht.

Leicht wie der Wind,

hell wie der Tag,

beweglich wie die Zeit.

Die Blätter der Bäume
bewegen sich im Wind.

Sie rauschen,
säuseln,
raunen.

Sie singen
das ewige Lied.

Leise wie ein Flüstern,

sanft wie eine Melodie,

wiegend wie das Wasser.

Die Blätter der Bäume
bewegen sich im Wind.

Sie tanzen,
wiegen sich,
biegen sich.

Sie hüpfen,
schwingen,
schwanken.

Rhythmisch wie ein Reigen,

huschend wie ein Schatten,

das lebendige Lied der Natur.

Ich liege im Gras
und sehe nach oben.

Die Wolken bilden
originelle Formen.
Ich beobachte sie,
sehe aber kaum Bewegung.

Ich schließe die Augen.
Als ich sie wieder öffne,
haben die Wolken neue Gestalten.

Wann? Wie?

Das nächste Mal,
wenn ich von mir denke,
ich sei so oder so,
werde ich an die Wolken denken.

Vielleicht bin ich ja ganz anders?

August

Der Lebensfluss mäandert
du wärst gern schneller am Ziel
ärgerlich sowas
meinst du

andere nehmen
keine Umwege
andere Flüsse oder Menschen
fließen geradeaus
werden immer schneller

können das viele Wasser
nicht mehr fassen
treten über die Ufer
überschwemmen Städte und Dörfer
und brauchen dann
Renaturierung

Wasser
ein wärmender Tee
ein kühlendes Eis
Wasser
ein bedrohliches Unwetter
eine heilende Quelle
Wasser
ein stehender Teich
ein fließender Bach
Wasser
Regen von oben
die Quelle aus der Erde
Wasser
die ruhige See trägt uns
eine hohe Welle schlägt uns
Wasser
in jeder Zelle
und zwischen den Kontinenten

September

Die Sonne ist nicht mehr heiß,
nur noch gütig.

Die Schatten sind tief
und verstärken das Licht.

Das Weiß der Wolken
ist ein leuchtendes Segel
über braungrünem Meer.
Vogelschwärme
sind dunkle Sommersprossen
am hellen Himmel.
Hagebutten erstaunen uns
mit blutroter Kraft.

Das Jahr
ist eine trotzige Alte,
lustig und bunt geschminkt.
Um Runzeln und Falten,
um Werden und Vergehen
kümmern wir uns später.

Die Äste der Bäume
biegen sich vor Last,
uns entgegen.

Sie bringen uns
Gaben und Geschenke
in Gelb, Grün und Rot.

Wir nehmen diese Geschenke
dankend an.

Erntefreude.

Schau mal her,
sagt der Kürbis,
der nach gar nichts schmeckt.

Ich bin wer.
Ich bin groß.
Ich bin leuchtend.
Ich bin orange.
Du kannst mich nicht übersehen.

Und sie würzen ihn,
exotisch oder traditionell,
süß-sauer oder raffiniert.

Und sie genießen ihn.
Sie lieben den Kürbis,

Ein Hingucker.

Oktober

Der Herbst kommt
und Pflanzen werden
zu Individuen.

Bäume
treten aus der Armee aus
und kleiden sich
in ihren Lieblingsfarben,
jeder anders.

Vergänglichkeit
zeigt sich selbstbewusst
von leuchtend gelb
bis modrig braun.

Ich grüße
das vielgewandige Leben.

Die Dichter sagen,
es stirbt die Welt.
Und sie klagen:
Die Schönheit fällt.

Ein Blatt fällt herab,
modert, wird Staub.
Aus den Stoffen im Grab
wächst neues Laub.

Das Blatt war ein Teilchen.
Das Ganze bleibt.
Der Mensch lebt ein Weilchen.
Er denkt und schreibt.

Was er gemacht,
lebt fort und fort,
was er gedacht,
spricht hier und dort.

Danke
für die bunten Bäume,
die der Herbst
der Erde schenkt.
Für die guten,
tiefen Träume,
in die mich
die Nacht versenkt.

Für das Liedchen,
das von ferne
ziellos hüpfend
weiter zieht,
denn ich wäre
jetzt so gerne
auch ein
kleines Dankeslied.

November

Alles gleicht sich
im Milchiggrau des Nebels.
Blätter, sattrot wie Wein
oder matt, klein und braun, verschrumpelt.
Blanke, harte Äste,
schimmernde Früchte wie Gold,
glatt, saftig, schwer,
alles zergeht im Frieden des Nebels,
glitzernd und gleich.

Du siehst nur das Nahe, das Große,
jäh auftauchen.
Der Abend leuchtet,
still und dampfend,
weißliche Welt
unter weißlichem Mond,
friedvoll eingehüllt
wie ein kostbares Gut,
bewahrt für den nächsten Tag.

November, nicht mein Lieblingsmonat,
was bringst du mit?

Der Januar ist klar und frostig,
Der Februar lustig,
der März erwachend,
der Mai lieblich,
der Juni erwärmend,
der Juli ferienträchtig,
der August heiß,
der September manchmal noch schön,
der Oktober golden herbstlich,
der Dezember festlich.
November, nicht mein Lieblingsmonat,
was bringst du mit?
Du bringst dampfende Nebel
in den Tälern,
letzte Blätter auf dem Weg,
Zeichen der Vergänglichkeit.
Dunkelheit am Abend,
das Einigeln zu Hause,
Regen und Wind.

Du erinnerst uns
an die Wandelbarkeit
der Zeit und des Lebens.

60

Feierabend

Aus der Rolle schlüpfen
und in die Hausschuhe.

Die Gedanken verlassen
berufliche Autobahnen.

Sie begeben sich in Seitenstraßen
und verwinkelte Gassen.

Gefühlte zwanzig Minuten telefonieren
und nach zwei Stunden aufhören.

Entscheidung zwischen Ingwertee
und Hagebutte.

Der Termin mit der Badewanne
ist offen und flexibel.

Du bist reisemüde.
Nicht reisen willst du,
sondern angekommen sein.
Du hast es satt,
weiterhin Koffer zu schleppen,
Wege zu planen,
Ungewissheiten zu ertragen,
Hitze, Kälter, Müdigkeit,
Staub, Feste, Glanz, Erschöpfung
und unerfüllte Versprechen.
Du möchtest endlich
deine Koffer auspacken,
ein starkes Dach
über dem Kopf wissen,
ein warmes Kaminfeuer
in deinem Herzen.
Du möchtest das Gewitter
einmal vom drinnen erleben,
durchs Fenster schauen und sagen:
,,Draußen ist es schrecklich stürmisch."

Dezember

Die Weltmacht Liebe
regiert in allen Ländern,
unsichtbar und mächtig.

Die Energie der Liebe
durchdringt alles,
im Kleinen wie im Großen.

Liebe ist ein Wort, ein Lied,
ein Blick, eine Arbeit,
eine Blume, ein Baum,

eine helfende Hand
sowie ein ernstes Gespräch.
Du gibst aus Liebe
und empfängst mit Liebe.

Wintersonnenwende
Jahresende
Dunkel und Licht
Fürchte dich nicht.

Wohnen im Stall
Jubelschall
Kerzenschein
Viele sind allein.

Familienkreise
Armenspeise
Spendenzeit
Dein Herz wird weit.

Winterschlaf
Hirte und Schaf
Weihnachtsmusik
Wir wünschen Glück.

Mit deinem Stamm,
lieber Baum,
schenkst du uns
Wärme im Ofen,
Möbel im Haus,
und viele Dinge,
die uns reicher machen.

Wir leben täglich
mit dir zusammen,
begegnen dir überall,
Freund Baum.

Mit deinem Stamm,
lieber Baum,
schenkst du uns Kultur.
Holz hat uns bereichert,
unsere Fantasie angeregt,
unseren Erfindergeist geweckt.

Vom Spinnrad bis zum Schaukelpferd,
von der Wiege bis zur Kuckucksuhr,
leben wir mit dir, lieber Baum.